L'ABBÉ DE PLÂTRE,

COMÉDIE,

EN UN ACTE, EN PROSE,

Représentée par les Comédiens Italiens, pour la premiere fois, le 26 Octobre 1779.

Prix, 1 livre 4 sols.

A PARIS,

Chez Thomas BRUNET, Libraire, rue Monconseil, à côté de la Comédie Italienne.

M. DCC. LXXXI.

PERSONNAGES.

M. DE LEURMONT, *Maître des Comptes.*
M. Rofiere.

Mademoifelle AGATHE, *fille de M. de Leurmont.*
Mad. Pitro.

M. DE St. IVAL *pere*, *Payeur des Rentes.*
M. Suin.

M. DE St. IVAL.
M. Michu.

LABRIE, *Laquais de M. de St. Ival.*
M. Valroy.

LAURENT, *Jardinier de M. de Leurmont.*
M. Meunier.

M. L'ÉCHALAS, *Treillageur.* M. Thomaffin.

Le COMMISSAIRE.

Des ARCHERS.

La Scene eft à Pantin, dans le jardin de M. de Leurmont, dans un bofquet où il y avoit une ftatue d'Abbé de Plâtre, & fur la gauche un pavillon, où loge Mademoifelle Agathe.

L'ABBÉ DE PLÂTRE,
COMÉDIE.

SCENE PREMIERE.

M. DE St. IVAL, LABRIE.

M. DE St. IVAL.

Tu dis que Monsieur de Leurmont va arriver de Paris ?

LABRIE.

Oui, Monsieur, avec Mademoiselle Agathe; le carosse étoit à leur porte lorsque je suis parti, & suis venu au grand galop : mais vous savez que de Paris à Pantin il n'y a que cinq quarts de lieue.

M. DE St. IVAL.

Nous avons du tems.

LABRIE.

Oui; & s'il me trouvoit ici avec vous, je ferois fort embarraffé. Je vous affure que ce que vous allez faire eft d'une grande folie.

M. DE St. IVAL.

Bon, folie !

LABRIE.

Ma foi, vous vous en tirerez comme vous pourez, pourvu que je ne m'en mêle pas davantage. Et fi Laurent le jardinier vous furprenoit ?

M. DE St. IVAL.

Il eft auffi à Paris ; il ne reviendra pas avant fon maître ; & puis tu fais comme il eft.

LABRIE.

Comme tous les Domeftiques, qui dédaignent toujours tout ce qu'on aime le plus dans une maifon.

M. DE St. IVAL.

C'eft pour cela qu'il ne prendra pas garde à moi, en me voyant ici en Abbé de Plâtre.

LABRIE.

Oui ; mais Monfieur de Leurmont ? Je fuis

sûr qu'il en eſt enchanté, de ſon Abbé de Plâtre, lui qui croit ſon jardin plus beau que tous ceux de ſes voiſins, qui y paſſe ſa vie, qui n'a pas d'autre occupation que celle de le parcourir ſans ceſſe, d'examiner chaque arbre, chaque plante, chaque fleur, & avec la plus grande attention.

M. DE St. IVAL.

Comment crois-tu qu'il puiſſé s'amuſer de tout cela, avec ſa mauvaiſe vue?

LABRIE.

Monſieur, de même que les boîteux veulent toujours marcher, les gens à mauvaiſe vue veulent toujours tout voir. N'ont-ils pas des cabinets de tableaux, d'eſtampes, d'hiſtoire naturelle? Je parirois que depuis que Monſieur de Leurmont a mis cet Abbé dans ſon jardin, il eſt continuellement à l'admirer.

M. DE St. IVAL.

A propos, il me ſemble que c'eſt là l'endroit où il étoit placé.

LABRIE.

Juſtement, c'étoit ici. Nous avons bien fait de l'enterrer cette nuit dans le petit bois, afin qu'on ne le trouve pas ailleurs. Je ne croyois pas que tous ces Abbés, qu'on voit sur les Boulevards, chez les Sculpteurs, fuſſent ſi peſans.

M. DE St. IVAL.

C'eſt pourtant là que Monſieur de Leurmont a acheté le ſien ; je m'en ſuis informé, pour y envoyer mon Tailleur, afin que mon habillement fût tout pareil.

LABRIE.

Nous perdons du tems : ſi vous vouliez vous habiller.

M. DE St. IVAL.

Allons, tu as raiſon : dépêchons-nous.

LABRIE.

Tenez, voilà l'habit.

M. DE St. IVAL.

Donne.

LABRIE.

Il ne faut pas le boutonner. Là, fort bien ! Voilà le chapeau.

M. DE St. IVAL.

Et le livre?

LABRIE.

Le voilà. (*Il le lui donne*). Placez-vous un peu pour voir. (*M. de St. Ival se tient assis comme un Abbé de Plâtre*). À merveille ! C'est cela même.

M. DE St. IVAL, *se levant, & rendant le livre à Labrie.*

Tu trouves donc qu'on pourra s'y tromper ?

LABRIE.

Sûrement, sur-tout Monsieur de Leurmont. Ah çà, Monsieur, combien comptez - vous rester ici de tems en statue ? Apparemment que Mademoiselle Agathe vous nourrira, puisque vous ne me demandez rien à manger.

M. DE St. IVAL.

Comment , coquin ! Oserois - tu la soup-çonner.....

LABRIE.

Ma foi, Monsieur.....

M. DE St. IVAL.

Tais - toi , & apprends à respecter ce que j'aime.

A iv

LABRIE.

Et que voulez-vous donc faire ici ?

M. DE St. IVAL.

Savoir fi je pourrai être aimé.

LABRIE.

Quoi ! vous n'en êtes encore que là ?

M. DE St. IVAL.

J'ignore ce qu'elle peut penfer de mon amour : je lui ai écrit plufieurs fois pour le favoir , & elle ne m'a fait aucune réponfe.

LABRIE.

Et vous croyez qu'elle vous aime ?

M. DE St. IVAL.

Je n'en fais rien, te dis-je : je fais feulement qu'elle a reçu mes lettres; & quoiqu'elle ne m'ait pas répondu , elle paroît me voir fans peine. Peut-être la timidité & la pudeur la retiennent. Enfin, je veux favoir mon fort, & pour cela, être à portée de lui parler & de la faire expliquer.

LABRIE.

Et fi vous ne réuffiffez pas & qu'on vous

découvre, Monſieur de St. Ival ſera furieux contre vous, s'il apprend tout ceci.

M. D E St. I V A L.

Je ne ſaurois le croire ; mon pere m'aime, il a connu l'amour, il excuſera mon imprudence ; & ſi j'ai le bonheur d'être aimé, il ſollicitera Monſieur de Leurmont, pour qu'il me donne....

L A B R I E.

Sa fille, Mademoiſelle Agathe ?

M. D E St. I V A L.

Voilà ce que je déſire, & ce que je n'oſe eſ-pérer.

L A B R I E.

N'eſt-ce pas dans ce pavillon qu'elle demeure ?

M. D E St. I V A L.
Oui.

L A B R I E.

Vous ne ſeriez pas mal là pour ....

M. D E St. I V A L.

J'entends quelqu'un.

L A B R I E.

C'eſt Monſieur de Leurmont : je m'enfuis.

M. DE St. IVAL.

Et le livre, où est-il? Je ne puis pas me placer sans le livre. Je vais me cacher, en attendant, derriere ces arbres; il ne pensera peut-être pas à l'Abbé.

SCENE II.

M. DE LEURMONT, M. DE St· IVAL, *caché;* LAURENT, *qui ne paroît pas.*

M. DE LEURMONT.

Oui, je suis assez content de mon jardin: mais, Laurent, je voudrois.... Eh bien, où est-il donc ? Laurent.

LAURENT, *sans paroître.*

Monsieur, je suis à vous tout-à-l'heure.

M. DE LEURMONT.

Il aura trouvé quelques branches qui passent, sans doute. Ah çà, voyons un peu.... Eh bien, où est donc mon Abbé ? Je ne le vois pas ; est-ce qu'on me l'auroit volé ? Laurent, Laurent?

LAURENT.

Je ne vous demande qu'un moment.

M. DE LEURMONT.

Quitte tout, & viens tout de fuite.

LAURENT.

Allons, allons, cela eft bon.

M. DE LEURMONT.

Laurent, je te dis de venir.

LAURENT.

Oui, oui.

M. DE LEURMONT.

Il faut que j'aille le chercher. (*Il fort*).

M. DE St. IVAL, *paroiſſant.*

Ah! voilà le livre. (*Il le ramaſſe à terre*). Je vais me remettre en place. (*Il ſe met à la place de l'Abbé*).

M. DE LEURMONT, *ramenant Laurent.*

Je te dis qu'il n'y eft pas.

LAURENT.

Ah! pardi, je ne crois pas eelui-là.

M. DE LEURMONT.

Tu vas voir. Regarde.

LAURENT.

Que voulez-vous que je regarde ? Eſt-ce que ne le voilà pas votre Abbé ? (*Il travaille à la paliſſade*).

M. DE LEURMONT.

Oui, tu as raiſon, le voilà !

LAURENT.

Sûrement, le voilà.

M. DE LEURMONT.

Cela eſt ſingulier !

LAURENT.

Oui, ſingulier ! Je le trouve, moi, très-ordinaire : voilà comme vous croyez toujours qu'on vous prend tout.

M. DE LEURMONT.

Allons, ne gronde pas, & écoute-moi.

LAURENT.

Croire qu'on va lui prendre ſon Abbé ! Voilà encore quelque choſe de beau !

M. DE LEURMONT.

Sûrement , & moi je l'aime beaucoup.

LAURENT.

Oui ; c'eſt une choſe bien rare ! On en voit par-tout , & cela n'attrape ſeulement pas les chiens ; car ils y vont. . . . .

M. DE LEURMONT.

Tiens , écoute mon projet.

LAURENT.

Vous n'avez qu'à toujours parler , pendant que je travaille.

M. DE LEURMONT.

Je veux faire faire une niche à mon Abbé.

M. DE St. IVAL , *à part.*

Me faire une niche.

M. DE LEURMONT.

Oui , une niche en treillage , & le Treillageur va venir tout-à-l'heure , pour en prendre la meſure.

M. DE St. IVAL , *à part.*

Ah! je ſuis perdu !

M. DE LEURMONT.

Qu'eſt-ce que tu dis?

LAURENT.

Moi? Rien.

M. DE LEURMONT.

Tu as dit que c'étoit autant d'argent perdu.

LAURENT.

Ma foi, il me paroît que vous entendez comme vous voyez.

M. DE LEURMONT.

Oh! je ſais bien que tu n'aimes pas mon Treillageur; mais c'eſt un habile homme.

LAURENT.

Oui, parce qu'il voudroit mettre tout votre jardin en bois & en copeaux peints en verd; mais . . . .

M. DE LEURMONT.

Eh bien, où vas-tu?

LAURENT.

A mes affaires.

M. DE LEURMONT.

Attends le Treillageur, & viens me trouver avec lui dans mon cabinet, nous reviendrons ici tous trois enfemble.

LAURENT.

Oui, oui.

M. DE LEURMONT.

Sûrement une niche fera bien au-deffus de mon Abbé : oui, mon cher Abbé, vous ferez à couvert. Mais nous verrons cela avec le Treillageur. Adieu, cher Abbé, à tantôt.

SCENE III.

M. DE St. IVAL, LABRIE.

M. DE St. IVAL, *du côté par où Labrie eft forti.*

LABRIE, Labrie.

LABRIE.

Me voilà, me voilà.

M. DE St. IVAL.

Je fuis perdu, Labrie !

LABRIE.

Comment donc ?

M. DE St. IVAL.

Il faut que je renonce à mon projet.

LABRIE.

Pourquoi cela ?

M. DE St. IVAL.

Monsieur de Leurmont attend son Treillageur pour me faire une niche.

LABRIE.

Ah ! celle-là sera bien véritable, par exemple.

M. DE St. IVAL.

Peux-tu rire dans l'embarras où je suis ?

LABRIE.

Sûrement.

M. DE St. IVAL.

Mais si ce Treillageur vient ici, en prenant
ses mesures, il tournera autour de moi, & il
ne s'y méprendra pas.

LABRIE.

Je l'empêcherai d'arriver.

M.

M. DE St. IVAL.

Comment feras-tu ?

LABRIE.

Je le connois, il s'appelle l'Échalas; c'eſt un
ivrogne ; je viens de le voir entrer dans un cabaret ; je vais le trouver, je vous réponds qu'il
n'en ſortira pas ſi-tôt, & que lorſque je l'en laiſ-
ferai ſortir, il ſera ivre à ne pas diſtinguer les
objets.

M. DE St. IVAL.

Va donc promptement.

LABRIE.

Je pars. Mais qu'eſt-ce que j'entends-là ?

M. DE St. IVAL.

Où ?

LABRIE.

Là-dedans ?

M. DE St. IVAL.

Ah! c'eſt ſans doute Mademoiſelle Agathe.

LABRIE.

Allons, profitez du moment, & comptez ſur
moi.

M. DE St. IVAL.

C'eft elle-même qui va fortir. Va-t-en.

SCENE IV.

Mademoiselle AGATHE , M. DE St. IVAL.

Mlle AGATHE, *lifant une lettre, foupire.*

AH ! (*Elle tombe affife fur un banc, & elle continue de lire*).

M. DE St. IVAL, *bas.*

O Dieux ! Que lit-elle là ?

Mlle AGATHE.

Quel bonheur fi.... (*Elle baife la lettre & lit*).

M. DE St. IVAL, *bas.*

Si ' c'étoit ma lettre ! Chantons pour la faire tourner de mon côté.

Mlle AGATHE *fe leve & avance.*

Je croyois entendre quelque chofe. Ah ! fi c'étoit lui ! (*Elle continue de lire*).

M. DE St. IVAL *chante à voix baffe.*

Air : *Je fuis Lindor* , *du Barbier de Séville.*

Tout reconnoît votre charmant empire ,
Vous infpirez l'amour le plus conftant.
Auprès de vous , que mon cœur eft content;
Si c'eft pour moi que le vôtre foupire.

Mlle A G A T H E.

Quelle douce voix !

M. D E St. IVAL *chante.*

Seroit-ce en vain que mon amour fe flatte?
Ah ! répondez , daignez combler mes vœux:
Vous me rendrez l'Amant le plus heureux!
A vos genoux, voyez-moi chere Agathe.

(*Il fe jette à genoux*).

Mlle A G A T H E.

O ciel !

SCENE V.

Mademoiselle AGATHE, M. DE
LEURMONT; M. DE St. IVAL,
à genoux.

M. DE LEURMONT.

Eh bien! qu'as-tu donc? Bon! mon Abbé est
tombé à terre!

Mlle AGATHE, *cachant M. de St. Ival.*

Mon pere.....

M. DE LEURMONT.

Mais aussi pourquoi toucher à cet Abbé? Il
faut le relever. Laurent, Laurent. Reste-là,
je vais le chercher.

SCENE VI.

Mademoiselle AGATHE, M. DE St. IVAL.

Mlle AGATHE.

Monsieur, retirez-vous promptement.

M. DE St. IVAL.

Cela m'est impossible.

Mlle AGATHE.

Vous me perdrez.

M. DE St. IVAL.

Ne craignez rien; je vais me remettre à ma place. (*Il se remet en attitude*).

Mlle AGATHE.

Voici mon pere.

SCENE VII.

**M. DE LEURMONT, *Mademoiselle*
AGATHE, M. DE Sᴛ. IVAL,
LAURENT.**

M. DE LEURMONT.

JE te dis que c'eſt ma fille, qui a touché
l'Abbé & qui l'a fait tomber.

Mlle AGATHE.

Moi, mon pere.

M. DE LEURMONT.

Sûrement.

LAURENT.

Eh! Monſieur, que voulez-vous qu'elle faſſe
d'un homme de plâtre ?.... Mais, il n'eſt pas
tombé.

M. DE LEURMONT.

Comment, il n'eſt pas tombé?

LAURENT.

Parbleu non ; regardez-le.

M. DE LEURMONT.

Cela eſt vrai.

LAURENT.

Si je vous croyois, je perdrois ici tout mon tems.

M. DÉ LEURMONT.

Mais c'eſt qu'il m'avoit ſemblé.... Tu y étois toi, ma fille, & tu l'as vu comme moi.

LAURENT.

Je parierois bien que non, que Mademoiſelle ne l'a pas vu comme vous. N'eſt-ce pas, Mademoiſelle ?

Mlle AGATHE.

Mais, Laurent.....

LAURENT.

Vous ne voulez pas démentir Monſieur votre pere ; il a beau aimer ſon Abbé, je ſuis ſûr que vous ne l'aimez pas comme lui. Mais je perds ici mon tems, & mon ouvrage ne ſe fait pas. Je m'en vas : vous aurez beau m'appeller, je ne reviendrai plus.

M. DE LEURMONT.

Moi, je vais aller attendre le Treillageur,
Ah çà tu reftes ici, toi ma fille ?

Mlle AGATHE.

Mon pere, je vais aller avec vous.

M. DE LEURMONT.

Non, mon enfant, je t'en prie, refte-là : je
veux que tu gardes mon Abbé, & tu me diras fi
quelqu'un vient le déranger de fa place; car je
ne crois pas m'être trompé deux fois, cela n'eft
pas poffible.

Mlle AGATHE.

Maís, mon pere, c'eft que je voudrois aller...

M. DE LEURMONT.

Allons, allons, je t'en prie, par complai-
fance pour moi, fais-moi le plaifir de refter ici,

Mlle AGATHE.

Puifque vous le voulez. . . . .

M. DE LEURMONT.

Je te dis que je t'en prie. Adieu. (*Il la baife
au front*).

SCENE VIII.

Mademoiselle AGATHE, M. DE St. IVAL.

Mlle AGATHE.

Rentrons.

M. DE St. IVAL, *l'arrêtant.*

Ah Mademoiselle, arrêtez, je vous en supplie, & daignez m'entendre.

Mlle AGATHE.

Non, Monsieur, je ne le puis : dois-je vous aider à tromper mon pere ?

M. DE St. IVAL.

Je ne veux tromper personne.

Mlle AGATHE.

Croyez-vous que je puisse approuver les moyens que vous avez tenté pour me surprendre ?

M. DE St. IVAL.

Moi ? Ah ! je me punirois ; si j'avois eu le dessein de vous déplaire, d'attenter à rien qui

pût vous donner une opinion défavantageufe de
moi, de mon amour.

Mlle AGATHE.

Que voulez-vous donc que je croie ?

M. DE St. IVAL.

Que je vous aime, que je vous adore. . . .

Mlle AGATHE.

Si vous m'aimiez, vous me refpecteriez davantage.

M. DE St. IVAL.

Je fuis bien éloigné de vouloir manquer au
refpect que tout l'amour que j'ai pour vous m'inf-
pire! Pardonnez à un malheureux qu'il a rendu
coupable : oui, c'eft le défefpoir où m'a réduit
votre filence, qui m'a fait tout hafarder, pour
apprendre mon fort de votre bouche.

Mlle AGATHE.

Je croyois qu'il devoit vous fuffire que je ne
vous euffe pas répondu.

M. DE St. IVAL.

Que dites-vous ? Serois-je affez malheureux...?

Mlle AGATHE.

Je ne dois point faire de choix.

M. DE St. IVAL.

Ah ! tôt ou tard, si vous en aimez un autre, je ne le saurai que trop !

Mlle AGATHE.

Je vous aimerois, qu'après ce que vous venez de faire, l'honneur & la vertu me forceroient d'étouffer mon amour.

M. DE St. IVAL.

O ciel !

Mlle AGATHE.

Oui, Monsieur. Voyez à quoi vous m'exposez : votre démarche ne peut être toujours ignorée, & ma réputation. . . .

M. DE St. IVAL.

Moi, je pourrois hasarder de vous nuire, j'en aurois le projet ? Non, Mademoiselle, vous ne le croyez pas. Depuis que je vous aime, qu'elle a été ma conduite, & qu'ai-je fait qui ait pu mériter tant de rigueur ?

Mlle AGATHE.

Un moment fuffit pour vous dévoiler à mes yeux ; cette hardieffe eft impardonnable.

M. DE St. IVAL.

Ah ! voyez mon repentir , il doit me rendre digne de votre pitié. (*A genoux*). Ah ! Mademoifelle, je vous en fupplie, daignez me regarder !

Mlle AGATHE.

Que faites-vous encore ?

M. DE St. IVAL.

Si vous ne me pardonnez , je meurs à vos pieds.

Mlle AGATHE , *foupirant.*

Ah !

M. DE St. IVAL.

Vous foupirez ? Dieux !.... Mais , non....

Mlle AGATHE.

On vient, levez-vous.

M. DE St. IVAL, *à part.*

Un mot , feulement ?

Mademoiselle AGATHE.

Non, je ne puis plus rien entendre ; je ne vous ai que trop écouté. Fuyons.

M. DE St. IVAL.

Remettons-nous encore : peut-être trouverai-je un autre moment. (*Il reprend sa place*).

SCENE IX.

M. DE St. IVAL, L'ÉCHALAS.

M. L'ÉCHALAS, *ivre.*

EH BIEN , je ne le trouve nulle part, ce Monsieur de Leurmont.

M. DE St. IVAL, *à part.*

Ah ! c'est le Treillageur ! Que devenir ?

M. L'ÉCHALAS.

Je frappe à toutes les portes, à toutes les fenêtres, visage de bois par-tout ; personne ne me répond.

M. DE St. IVAL, *à part.*

Voyez un peu ce coquin de Labrie qui le laisse échapper !

M. L'ÉCHALAS.

On ne fait plus à préfent par où entrer dans les maifons ; on ne trouve que des fauffes portes, des fauffes fenêtres. . . .

M. DE St. IVAL, *à part.*

Comment faire? M'en irai-je? Écoutons, puifqu'il parle feul.

M. L'ÉCHALAS.

Oui, c'eft toujours de la peinture par-ci, de la peinture par-là; & avec toutes ces chiennes de décorations d'à préfent, on vous fait caffer le nez contre les murailles.

M. DE St. IVAL, *à part.*

Il me paroît affez ivre.

M. L'ÉCHALAS.

Si je n'y avois été attrapé qu'une fois, à la bonne-heure; mais c'eft que cela m'arrive tous les jours, encore hier.

M. DE St. IVAL.

Je crois que j'en tirerai parti.

M. L'ÉCHALAS.

Qu'eft-ce qui dit que j'en ai menti? C'étoit le foir; ma foi, la nuit tous chats font gris.

M. DE St. IVAL.

Il étoit ivre comme aujourd’hui.

M. L’ÉCHALAS.

Sûrement on fait comme l’on *puis*. Mais où
eſt donc ce diable d’Abbé? J’ai parcouru tout le
jardin, & je ne le trouve nulle part. Cherchons
encore, puiſque c’eſt pour lui que je ſuis venu
ici.

M. DE St. IVAL.

Si tu me trouves, il t’en ſouviendra.

M. L’ÉCHALAS.

Qu’eſt-ce qui dit que cela n’eſt pas? J’ai la
lettre de Monſieur de Leurmont dans ma poche.
La voilà, & je vais la lire. (*Il veut lire*). Cela eſt
ſingulier! Je la liſois bien ce matin & ce ſoir....
Mais je la fais par cœur. Oui, par cœur, vous
allez voir. Comment donc eſt-ce qu’elle di-
ſoit?.... Ah! je m’en ſouviens. Je vous prie,
Monſieur l’Échalas.....

M. DE St. IVAL.

Il eſt bien honnête. Monſieur l’Échalas!

M. L’ÉCHALAS.

Oui, Monſieur l’Échalas. (*Il rit*). Ah, ah;

ah. Je m'étonnois d'entendre répéter mon nom ; c'est qu'il y a un écho sans doute ici. Je vous prie, Monsieur l'Échalas.....

M. DE St. IVAL.

L'Échalas.

M. L'ÉCHALAS.

Ah, ah, ah ! le drôle de corps que cet écho ! Je vous prie, M. l'Échalas. (*Il écoute*). Il ne dit plus rien. De venir prendre la mesure de mon Abbé de Plâtre, pour lui faire une niche en treillage. La voilà la lettre.

M. DE St. IVAL.

Nous verrons s'il approchera.

M. L'ÉCHALAS.

Mais où diable est-il donc fourré encore une fois, ce chien d'Abbé ? Ah ! voilà un Monsieur ; il faut que je lui demande s'il ne sait pas où on l'a mis. (*Il ôte son chapeau & il approche*). Bon ! Eh ! le voilà lui-même. (*Il rit*). Ah, ah, ah ! cela est plaisant ! Moi qui en ai tant vu, j'y ai été pris comme un autre. Allons, voyons, prenons nos mesures. (*Il met un pied sur la cuisse de l'Abbé, qui le fait tomber à terre, qui le bat avec*

ſa

fa regle, & qui fe remet après à fa place. M. l'É-
chalas à terre, dit :) Ah ! mais ne badinons pas.

M. DE St. IVAL , *d'une voix fépulchrale.*

Sors d'ici tout-à-l'heure.

M. L'ÉCHALAS.

Comment! Qui eft-ce donc qui me parle ?

M. DE St. IVAL.

Moi.

M. L'ÉCHALAS.

Et qui m'a tant roffé ?

M. DE St. IVAL.

Moi.

M. L'ÉCHALAS.

Je ne vois perfonne. Il faut que je rêve apparemment. (*Il fe releve & fe rapproche*).

M. DE St. IVAL, *lui donnant un coup de pied*
au cul.

Je te dis , va-t-en.

M. L'ÉCHALAS.

Oh! je ne rêve pas affurément. Mais qui a
donc pu me frapper ? Je ne conçois pas cela , &
fi pourtant je fuis de fang froid. Continuons,

M. DE St. IVAL.

Ah ! tu y reviens. (*Il lui donne un soufflet avec son livre*).

M. L'ÉCHALAS.

Pour le coup, c'eft l'Abbé lui-même ; je l'ai bien vu ; je n'en puis plus douter. Eft-ce que ce feroit un efprit de pierre que cet Abbé de Plâtre?

M. DE St. IVAL.

Oui, je fuis un efprit, & je vais te tordre le cou, fi tu m'approches encore.

M. L'ÉCHALAS.

Ah ! je l'ai deviné.

SCENE X.

M. DE St. IVAL, LABRIE, M. L'ÉCHALAS.

LABRIE.

Eh bien, Monfieur l'Échalas, que venez-vous donc faire ici ?

M. L'ÉCHALAS.

J'y fuis venu. . . . . Ah! j'y fuis venu pour

recevoir cent coups de regle, un coup de pied au cul, & un foufflet.

LABRIE.

Et qui vous a donné tout cela ?

M. L'ÉCHALAS.

Qui ?

LABRIE.

Oui.

M. L'ÉCHALAS.

Eh ! c'eft ce diable d'Abbé là, qui dit qu'il eft un efprit, & qu'il me tordra le cou, fi je m'en approche davantage.

LABRIE.

Eh bien , fauvez-vous.

M. L'ÉCHALAS.

Par où ?

LABRIE.

Tenez, par cette petite porte que vous voyez.

M. L'ÉCHALAS.

Allons, en vous remerciant, Monfieur de Labrie. Je vas chercher Monfieur de Leurmont pour me plaindre à lui, de m'avoir fait rouer de coups moi-même, dans fon jardin.

L A B R I E.

Allez plutôt boire un verre de vin pour vous
remettre.

M. L'É C H A L A S.

Un verre de vin ?

L A B R I E.
Ou deux.

M. L'É C H A L A S.

Je crois que vous avez raifon ; vous me don-
nez là un bon confeil, un confeil d'ami, & je
vais le fuivre.

L A B R I E.

Attendez-moi , j'irai vous retrouver.

M. L'É C H A L A S.

Je vous attendra le verre à la main.

L A B R I E.

Fort bien , fort bien.

SCENE XI.

M. DE St. IVAL, LABRIE.

M. DE St. IVAL *se levant.*

Malheureux ! tu m'as laissé surprendre par cet ivrogne.

LABRIE.

Ah ! Monsieur, il est question de choses bien plus sérieuses !

M. DE St. IVAL.

Comment ! le Treillageur.....

LABRIE.

Je le croyois endormi ; mais nous n'avons pas un moment à perdre.

M. DE St. IVAL.

Quoi donc ?

LABRIE.

Vos chevaux sont sellés ; il faut partir à l'instant.

M. DE St. IVAL.

Que veux-tu dire ?

L A B R I E.

Quoique nous ne foyons pas coupables, il vaut mieux avoir affaire à la Justice de loin que de près.

M. DE St. IVAL.

Qu'eft-ce que cela fignifie ? Es-tu ivre ?

L A B R I E.

Non, Monfieur, je fuis de fang-froid, & ce qu'on vient de me dire m'auroit défenivré, fi je m'étois laiffé furprendre par le vin.

M. DE St. IVAL.

Mais quoi encore ? Parle donc ?

L A B R I E.

J'étois au cabaret à enivrer le Treillageur, comme je vous l'avois promis, lorfqu'un de mes amis, Clerc d'un Commiffaire, eft venu me trouver pour me dire : Je vous confeille, vous & Monfieur de St. Ival, de vous fauver promptement : on vous accufe tous les deux d'avoir tué un homme, & vraifemblablement, nous allons avoir ordre de vous faire arrêter.

M. DE St. IVAL.

Mais tu fais bien que cela n'eft pas vrai.

LABRIE.

Sans doute ; cependant nous n'en ferions pas moins en prifon long-tems ; & après, qui fait....

M. DE St. IVAL.

Allons, je ne crains rien.

LABRIE.

En vérité, Monfieur....

M. DE St. IVAL.

Ce foir nous verrons cela. A préfent, je ne veux point fortir d'ici que je ne fois fûr d'être aimé d'Agathe.

LABRIE.

Mais fi vous l'étiez, vous n'en auriez que plus de regrets de mourir.

M. DE St. IVAL.

Allons, laiffe - moi attendre le moment de la revoir. J'entends quelqu'un ; va-t-en , te dis-je. (*Il reprend fa pofition*).

LABRIE.

Je ne fuirai pas feul , & vous ferez caufe de notre perte à tous deux.

C iij

M. DE St. IVAL.

J'entends Monsieur de Leurmont.

LABRIE.

Et je vois Monsieur votre pere avec lui.

M. DE St. IVAL.

Mon pere.

LABRIE.

Oui, je vais les écouter. (*Il sort*).

SCENE XII.

M. DE LEURMONT, M. DE St. IVAL *pere*, M. DE St. IVAL.

M. DE LEURMONT.

Tenez, affoyons-nous ici ; ma fille n'eft pas chez elle, & perfonne ne nous entendra.

M. DE St. IVAL *pere*.

Je le veux bien.

M. DE LEURMONT.

Qu'eft-ce qui peut donc vous occuper aujour-d'hui, Monsieur de St. Ival ? Je vous trouve l'air bien férieux.

M. DE St. IVAL *pere.*

Mon ami, on eft quelquefois bien à plaindre d'avoir des enfans !

M. DE LEURMONT.

Pourquoi donc ? Je ne trouve pas cela, moi, & je ferois très-fâché de n'avoir pas ma fille. A nos âges qui aimera-t-on, fi l'on n'a pas d'enfans ?

M. DE St. IVAL *pere.*

Vous avez raifon ; mais fi tout ce qu'on m'a dit qui s'étoit paffé ici, cette nuit, étoit vrai.

M. DE LEURMONT.

Comment ici ?

M. DE St. IVAL *pere.*

Oui. Vous n'en favez rien ?

M. DE LEURMONT.
Non.

M. DE St. IVAL *pere.*

C'eft fûrement un conte, & mon fils n'eft pas capable.....

M. DE LEURMONT.

Comment, pas capable ?

M. DE St. IVAL *pere.*

De ce dont on l'accuse. Non , cela ne sauroit être.

M. DE LEURMONT.

Dites donc ce que c'est ?

M. DE St. IVAL *pere.*

On m'a dit que c'étoit ici.

M. DE LEURMONT.

Eh bien , quoi ?

M. DE St. IVAL *pere.*

Je vous dis , vous vous moqueriez de moi.

M. DE LEURMONT.

Pourquoi cela ?

M. DE St. IVAL *pere.*

Si je croyois ce qu'on m'a dit. Sûrement....

M. DE LEURMONT.

Mais , que vous a-t-on dit ?

M. DE St. IVAL *pere.*

Que c'est chez vous.

M. DE LEURMONT.

Chez moi?

M. DE St. IVAL *pere.*

Oui, dans votre jardin.

M. DE LEURMONT.

Eh bien, qu'a-t-on fait?

M. DE St. IVAL *pere.*

Qu'on a enterré le mort.

M. DE LEURMONT.

Un mort dans mon jardin! Cela ne fe peut pas.

M. DE St. IVAL *pere.*

Il y a pourtant un témoin.

M. DE LEURMONT.

Quel eft-il?

M. DE St. IVAL *pere.*

Un payfan, qui prétend avoir tout vu.

M. DE LEURMONT.

Mais quoi donc?

M. DE St. IVAL *pere.*

C'eft un Abbé.

M. DE LEURMONT.

Un Abbé !

M. DE St. IVAL *pere.*

Oui, qu'il dit que mon fils & son laquais on
enterré dans votre bois, après l'avoir tué.

M. DE St. IVAL, *à part.*

Ah ! je respire.

M. DE LEURMONT.

Un Abbé !

M. DE St. IVAL *pere.*

Eh bien, vous ne répondez pas ? Vous m'a-
larmez !

M. DE LEURMONT.

Attendez, attendez.

M. DE St. IVAL *pere.*

Comment ?

M. DE LEURMONT.

C'est que je pense que cet Abbé qui changeoit
de place tantôt....

M. DE St. IVAL *pere.*

Que dites-vous donc ?

M. DE LEURMONT.

Croyez-vous aux efprits, vous ?

M. DE St. IVAL *pere.*

Non, affurément.

M. DE LEURMONT.

Eh bien, je fuis certain que tout ce qu'on vous a dit n'eft pas vrai.

M. DE St. IVAL *pere.*

Cependant, c'eft le Commandant de la Maréchauffée, qui eft de mes amis, qui m'a confeillé de faire fauver mon fils : vous voyez bien qu'il croit l'affaire férieufe.

M. DE LEURMONT.

Et eft-il fauvé ?

M. DE St. IVAL *pere.*

Je ne fais pas feulement s'il fe doute de tout ceci.

M. DE LEURMONT.

Tant mieux, s'il n'eft pas fauvé.

M. DE St. IVAL *pere.*

Comment, tant mieux ?

M. DE LEURMONT.

Oui, parce que ce feroit s'avouer coupable.

M. DE St. IVAL *pere.*

Et ſi on le croit?

M. DE LEURMONT.

Je vous dis qu'il ne peut pas l'être. Tenez, j'ai toujours été une maniere d'efprit fort, moi, & je ne crois les chofes que quand je les vois.

M. DE St. IVAL *pere.*

Mais fuppofons que l'on trouve cet Abbé chez vous.

M. DE LEURMONT.

Mort?

M. DE St. IVAL *pere.*

Oui mort, & enterré?

M. DE LEURMONT.

Je n'en crois rien.

M. DE St. IVAL *pere.*

Eh bien, pour lors, donnerez-vous toujours votre fille à mon fils?

M. DE St. IVAL, *à part.*

A moi!

M. DE LEURMONT.

Mais....

M. DE St. IVAL *pere.*

Vous voyez bien , quand la chofe vous touche
de près, que vous n'êtes plus fi ferme.

M. DE LEURMONT.

Qu'appellez-vous , Monfieur, que je ne fuis
plus fi ferme ?

M. DE St. IVAL *pere.*

Ne vous fâchez pas , & cherchons enfemble
l'endroit où ce payfan a dit qu'ils ont mis cet
Abbé.

· M. DE LEURMONT.

Monfieur, l'on ne trouvera ici d'autre Abbé,
que mon Abbé de Plâtre que voilà, & que
j'aime beaucoup.

M. DE St. IVAL *pere.*

Comment votre Abbé de Plâtre?

M. DE LEURMONT.

Oui , vraiment. Voyez comme il eft bien
fait !

M. DE St. IVAL *pere , approchant.*

Mais, il remue, votre Abbé!

M. DE LEURMONT.

Il remue ?

M. DE St. IVAL *pere.*

Oui, il vient de tourner la tête.

M. DE LEURMONT.

Je n'avois donc pas tort tantôt.

M. DE St. IVAL *pere.*

Eh ! c'eſt mon fils!

M. DE LEURMONT.

Votre fils ?

M. DE St. IVAL.

Oui, mon pere, oui Monſieur ; je vous demande pardon à tous deux.

M. DE St. IVAL *pere.*

Quelle eſt cette folie ? Qu'as-tu donc fait?

M. DE St. IVAL.

Vous avez bien raiſon; c'en eſt une, & dont
je ne ſuis que trop puni !

M. DE St. IVAL *pere.*

Comment ?

M.

M. DE St. IVAL.

Je vous ai caufé des alarmes, & je n'ai pas réuffi dans mon projet.

M. DE LEURMONT.

Vous n'avez donc pas affaffiné cet Abbé?

M. DE St. IVAL.

Moi, Monfieur; quelle horreur ! mais je n'en mourrai pas moins de douleur ! Je fuis haï, mé-prifé....

M. DE LEURMONT.

Haï, méprifé! Je te réponds bien que non, & je ferai bien voir à ton pere que je fuis ferme: je lui avois promis de te donner Agathe en ma-riage, & je te la donnerai.

M. DE St. IVAL.

Eh! Monfieur, que me ferviront vos bontés, fi j'ai le malheur de lui déplaire, fi elle ne peut pas m'aimer ?

D

SCENE XIII.

M. DE LEURMONT , M. DE St. IVAL , M. DE St. IVAL *pere* , LAURENT.

LAURENT.

EH ! Monſieur de Leurmont, venez donc, venez donc vîte. Voilà un Commiſſaire & des gens de Juſtice qui ſacagent tout votre jardin.

M. DE LEURMONT.

Comment, comment donc !

LAURENT.

Ils prétendent qu'on y a enterré quelqu'un, & il y a un payſan qui les conduit, qui dit qu'il en a été témoin.

M. DE LEURMONT, *riant.*

Ah ! voilà un bon tour !

LAURENT.

Oui, riez, riez ; il ſont à préſent à fouiller dans le petit bois.

M. DE LEURMONT, *à M. de St. Ival pere.*

Mon ami , ils ne trouveront ſûrement rien.

LAURENT.

Mais que diable a-t-il donc aujourd'hui, lui qui aime tant son jardin ?

M. DE LEURMONT, *riant.*

Ils seront bien attrapés !

SCENE XIV.

M. DE LEURMONT, M. DE St. IVAL *pere*, M. DE St. IVAL, LE COMMISSAIRE, LAURENT, DES ARCHERS.

UN ARCHER.

Monsieur le Commissaire, le paysan qui nous conduisoit s'est enfui, dès qu'il a vu cette statue que je vous ai dit qu'on avoit trouvé.

LE COMMISSAIRE.

Cela ne fait rien ; il faut parler au maître de la maison. Lequel de vous deux, Messieurs, est Monsieur de Leurmont ?

M. DE LEURMONT.

C'est moi, Monsieur. Que voulez-vous ?

LE COMMISSAIRE.

Je ne fais pas pourquoi vous riez, Monfieur; mais vous verrez qu'il n'y a rien de plaifant dans ce qui m'amene.

M. DE LEURMONT.

Non, pour vous.

LE COMMISSAIRE.

C'eft pour vous-même, Monfieur, & l'on ne fe moque pas de la Juftice : en un mot, il y a un homme enterré ici.

M. DE LEURMONT.

Je ne crois pas cela.

LE COMMISSAIRE.

Vous niez le fait? Il faut sûrement que vous foyez complice de ce délit.

M. DE LEURMONT.

Je ne faurois être complice d'une chôfe qui n'eft pas ; vos recherches feront inutiles, & je vous confeille de ne pas perdre votre tems ici davantage.

LE COMMISSAIRE.

Monfieur, Monfieur, je n'ai que faire de vos confeils, & je ne m'en irai point que je n'aie trouvé ce que je cherche.

SCENE XV.

M. DE LEURMONT, M. DE St.
IVAL, M. DE St. IVAL *pere*, LE
COMMISSAIRE, LAURENT, M.
L'ÉCHALAS, LABRIE, DES
ARCHERS.

M. L'ÉCHALAS, *ivre.*

Monsieur le Commiſſaire?

LE COMMISSAIRE.

Qu'eſt-ce qu'il y a?

LABRIE, *à M. l'Échalas.*

Taiſez-vous donc.

M. L'ÉCHALAS.

Je vous dis que je ſuis au fait.

LE COMMISSAIRE.

Laiſſez-le parler.

M. L'ÉCHALAS.

Monſieur le Commiſſaire, vous cherchez un
Abbé qui eſt mort?

LE COMMISSAIRE.

Oui, mon ami.

M. L'ÉCHALAS.

Eh bien, Monſieur le Commiſſaire, je l'ai
trouvé ici tantôt, moi.

LE COMMISSAIRE.

Vous?

M. L'ÉCHALAS.

Oui, moi.

LE COMMISSAIRE.

Où cela?

M. L'ÉCHALAS.

Il étoit là.... Quelque part.

LE COMMISSAIRE.

Vous verrez qu'on l'a fait enlever.

M. L'ÉCHALAS.

Eh tenez, parbleu, le voilà.

LE COMMISSAIRE.

Qu'eſt-ce que vous dites-donc?

M. L'ÉCHALAS.

Oui, Monſieur le Commiſſaire. Quand je

dis que c'eſt lui.... c'eſt-à-dire que c'eſt ſon eſprit.

LE COMMISSAIRE.

Son eſprit?

M. L'ÉCHALAS.

Oui, l'eſprit de l'Abbé que vous cherchez. Oh! rien n'eſt plus vrai, & je ne vous conſeille pas de vous en trop approcher; car il pourroit bien....

LE COMMISSAIRE.

Quoi donc?

M. L'ÉCHALAS.

Il pourroit bien.... vous roſſer comme tous les diables, comme il m'a fait tantôt. Demandez-lui, & s'il ne m'a pas aſſuré qu'il me tordroit le cou, ſi je ne m'en allois pas bien vîte; auſſi je n'ai pas demandé mon reſte.

LE COMMISSAIRE.

Expliquez-nous ce que cela ſignifie, Monſieur l'Abbé; répondez, je vous prie.

M. DE St. IVAL.

Monſieur, cela eſt fort aiſé; je ne ſuis point Abbé, & je ſais ce qui a cauſé l'erreur de celui qui vous a conduit ici.

D iv

LE COMMISSAIRE.

Comment l'erreur ?

M. DE St. IVAL.

Oui, Monfieur, j'ai voulu faire une plaifanterie à Monfieur de Leurmont, & pour cela,
j'ai enterré, cette nuit, un Abbé de Plâtre qui
étoit dans ce jardin, afin de pouvoir me mettre
aujourd'hui à fa place. Voilà ce que le payfan
qui vous a amené a vu. Si vous voulez faire
fouiller. . . . .

LE COMMISSAIRE.

Eh! fi ce n'eft que cela, nous l'avons déja
trouvé. Voilà une plaifanterie dont nous nous
ferions bien paffez. Meffieurs, je vous fouhaite
bien le bonjour. Allons, allons-nous-en.

M. DE LEURMONT.

Mais n'avez-vous pas caffé mon Abbé en
fouillant ?

LE COMMISSAIRE.

Monfieur, je n'en fais rien.

SCENE XVI.

M. DE LEURMONT, M. DE St. IVAL, M. DE St. IVAL *pere*, M. L'ÉCHALAS, LAURENT, LABRIE.

M. L'ÉCHALAS.

JE favois bien, moi, qu'il n'oferoit pas approcher de l'Abbé.

M. DE LEURMONT.

Monfieur l'Échalas, vous reviendrez pour faire la niche que je vous ai demandé?

M. L'ÉCHALAS.

Oui, pour me faire roffer encore. Je ne crois pas que vous m'y ratrapiez, Monfieur de Leurmont, & je ne veux plus travailler pour vous, premiérement & d'un, & je m'en vas.

M. DE LEURMONT.

Laurent, va donc voir en quel état eft mon pauvre Abbé.

LAURENT.

Je vais plutôt voir comme on a abîmé le jardin.

SCENE XVII.

M. DE LEURMONT, M. DE St. IVAL, M. DE St. IVAL *pere,* LABRIE.

M. DE St. IVAL *pere.*

NE vous embarassez pas, Monsieur de Leurmont; si votre Abbé est cassé, je vous en donnerai un autre.

M. DE LEURMONT.

Il ne sera jamais si bien fait.

LABRIE, *bas à M. de St. Ival.*

Eh bien, Monsieur, avez-vous réussi?

M. DE St. IVAL.

Ah! Labrie, je suis sans aucun espoir!

M. DE LEURMONT.

Ah! voilà ma fille.

SCENE DERNIERE.

Mademoiselle AGATHE , M. DE St. IVAL *pere*, M. DE St. IVAL, M. DE LEURMONT, LABRIE.

Mlle AGATHE.

AH! mon pere! est-il bien vrai?

M. DE LEURMONT.

Quoi donc?

Mlle AGATHE.

Monsieur de St. Ival?

M. DE St. IVAL *pere.*

Eh bien , Mademoiselle?

Mlle AGATHE.

On dit qu'on va arrêter Monsieur votre fils.

M. DE LEURMONT, *à M. de St. Ival pere.*

Laissez-moi répondre , & cachez-le.

Mlle AGATHE.

Dites donc, je vous prie?

M. DE LEURMONT.

Oui, voilà qu'on l'emmène.

Mlle AGATHE.

O Dieux ! quoi, il feroit vrai....

M. DE LEURMONT.

Acheve donc ?

Mlle AGATHE.

Qu'il a tué un homme. Mon pere !..... Ah ! malheureux St. Ival !

M. DE St. IVAL, *à Labrie.*

Qu'entends-je ! Elle me plaindroit !

LABRIE.

Ne vous montrez pas encore.

M. DE LEURMONT.

Mais, Agathe, qui peut donc t'alarmer ? Tu n'aimois pas St. Ival, tu vas être vengée.

Mlle AGATHE.

Moi, vengée ! Que dites-vous ?

M. DE St. IVAL *pere.*

Que si vous l'aimiez, Mademoiselle, fa grace lui feroit bientôt accordée.

Mlle AGATHE.

Si je l'aimois !.... Eh! que pourrois-je faire pour lui fauver la vie ?

M. DE LEURMONT.

Il faudroit l'époufer, ma fille.

Mlle AGATHE.

Il ne dépendroit que de moi....

M. DE St. IVAL.

De faire mon bonheur, Mademoifelle !

Mlle AGATHE.

Que vois je ? Quoi, c'eft bien vous, St. Ival ?

M. DE St. IVAL.

Oui, c'eft moi, qui ne cefferai jamais de vous adorer.

Mlle AGATHE.

Ah! je refpire !

M. DE LEURMONT, *à M. de St. Ival.*

Eh bien, te crois-tu encore haï, méprifé ?

M. DE St. IVAL.

Non, rien ne peut égaler l'excès de ma joie !

M. DE St. IVAL *pere.*

Nous n'avons jamais eu d'autre projet que celui de vous unir.

Mlle AGATHE.

Ah ! mon pere !.... Quoi, Monfieur, il feroit bien vrai ?

M. DE St. IVAL *pere.*

Sans doute. Oubliez tous les maux que nous vous avons caufés en vous laiffant ignorer nos intentions.

M. DE LEURMONT.

Oui, oui ; & pour réparer le tems perdu, envoyons chercher un Notaire ; & en l'attendant, allons revoir mon pauvre Abbé. Mais pourquoi donc l'avoir enterré ?

LABRIE.

Pour le cacher, afin que vous cruffiez que celui-ci étoit le vôtre, & qu'il pût favoir de Mademoifelle s'il en étoit aimé.

·M. DE LEURMONT.

Ah! fort bien! Mon ami, dans notre jeu-
neffe, nous en aurions fait autant. Allons, allons,
je pardonne à ma fille, & mieux aimer la copie
que l'original.

F I N.

Lu & approuvé, ce 22 Novembre 1780. SUARD.

Vu l'Approbation, permis de repréfenter & imprimer,
le 25 Novembre 1780.

LENOIR.

De l'Imprimerie de J. Fr. VALADE, rue des Noyers.